AF205458

Impressum
Verlag: BABADADA GmbH, Nedderfeld 112 , 22529 Hamburg
Geschäftsführer / Verlagsleitung: Harald Hof
Druck: Books on Demand GmbH, In de Tarpen 42, 22848 Norderstedt

Imprint
Publisher: BABADADA GmbH, Nedderfeld 112 , 22529 Hamburg, Germany
Managing Director / Publishing direction: Harald Hof
Print: Books on Demand GmbH, In de Tarpen 42, 22848 Norderstedt, Germany

škola
sekolah

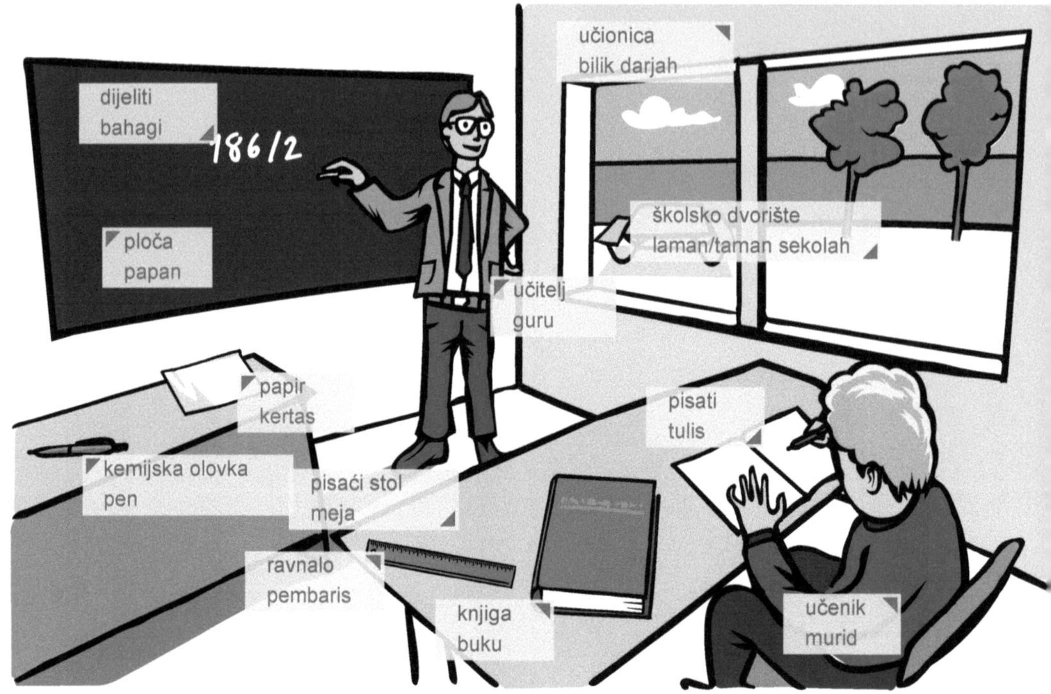

učionica
bilik darjah
dijeliti
bahagi
186/2
ploča
papan
školsko dvorište
laman/taman sekolah
učitelj
guru
papir
kertas
pisati
tulis
kemijska olovka
pen
pisaći stol
meja
ravnalo
pembaris
knjiga
buku
učenik
murid

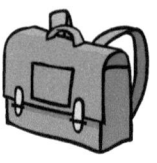

torba
beg galas

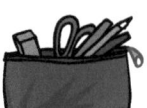

pernica
kotak pensel

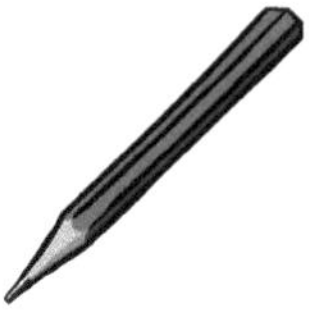

grafitna olovka
pensel

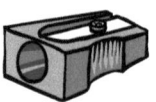

šiljilo za olovke
pengasah pensel

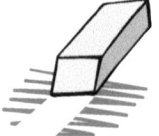

gumica za brisanje
pemadam

blok za crtanje
kertas lukisan

crtež

melukis

kist

berus lukis

kutija s bojama

kotak warna

makaze

gunting

ljepilo

gam

bilježnica

buku latihan

domaći zadatak

kerja rumah

broj

nombor

sabirati

tambah

oduzimati

tolak

množiti

darab

računati

kira

slovo

huruf

abeceda

abjad

riječ

kata

tekst

teks

čitati

baca

kreda

kapur

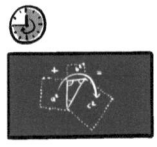

sat

pelajaran

dnevnik

daftar

ispit

peperiksaan

svjedodžba

sijil

školska uniforma

uniform sekolah

obrazovanje

pendidikan

leksikon

ensiklopedia

sveučilište

universiti

mikroskop

mikroskop

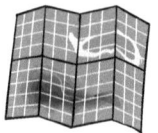

karta

peta

košara za papir

bakul sampah

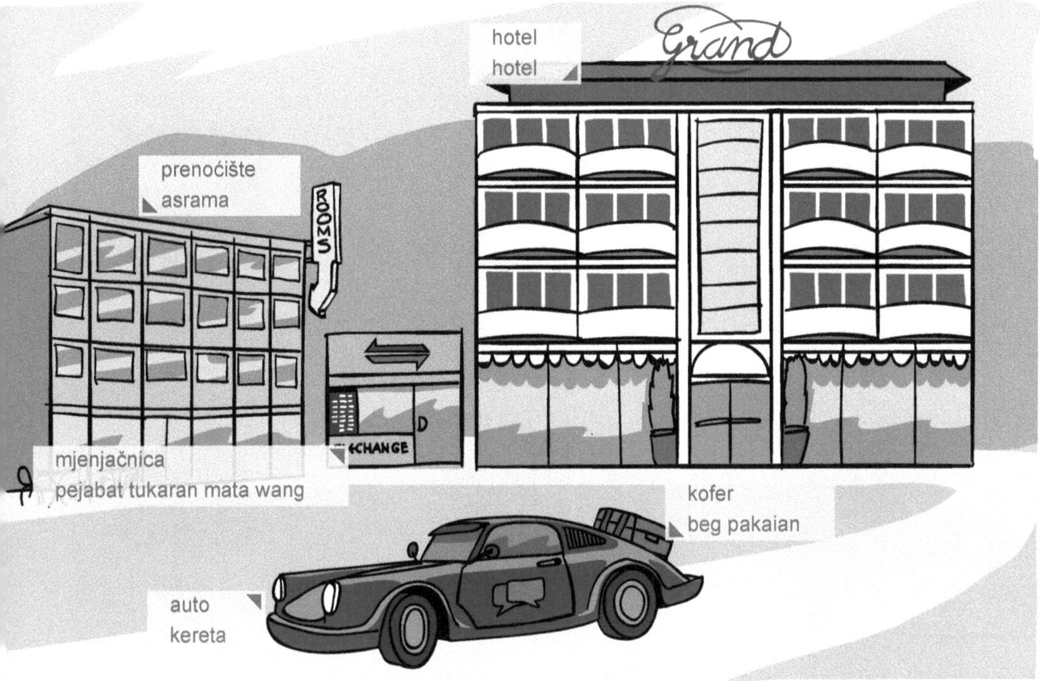

hotel
hotel

Grand

prenoćište
asrama

ROOMS

mjenjačnica
pejabat tukaran mata wang

ECHANGE

kofer
beg pakaian

auto
kereta

jezik
bahasa

da / ne
ya / tidak

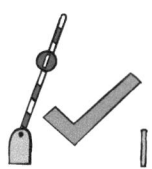

okay
okey

zdravo
helo

prevoditelj
penterjemah

hvala
Terima kasih

Koliko košta...?

berapa banyak...?

ne razumijem

saya tidak faham

problem

masalah

dobro veče!

Selamat petang!

Dobro jutro!

Selamat Pagi!

Laku noć!

Selamat Malam!

doviđenja

selamat tinggal

smjer

arah

prtljaga

bagasi

torba

beg

ruksak

beg galas

gost

tetamu

soba

bilik tidur

vreća za spavanje

beg tidur

šator

khemah

turističke informacije

maklumat pelancong

plaža

pantai

kreditna kartica

kad kredit

doručak

sarapan

ručak

makan tengah hari

večera

makan malam

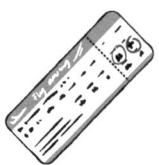

karta za vožnju

tiket

dizalo

lif

poštanska markica

setem

granica

sempadan

carina

kastam

ambasada

kedutaan

viza

visa

putovnica

pasport

transport
pengangkutan

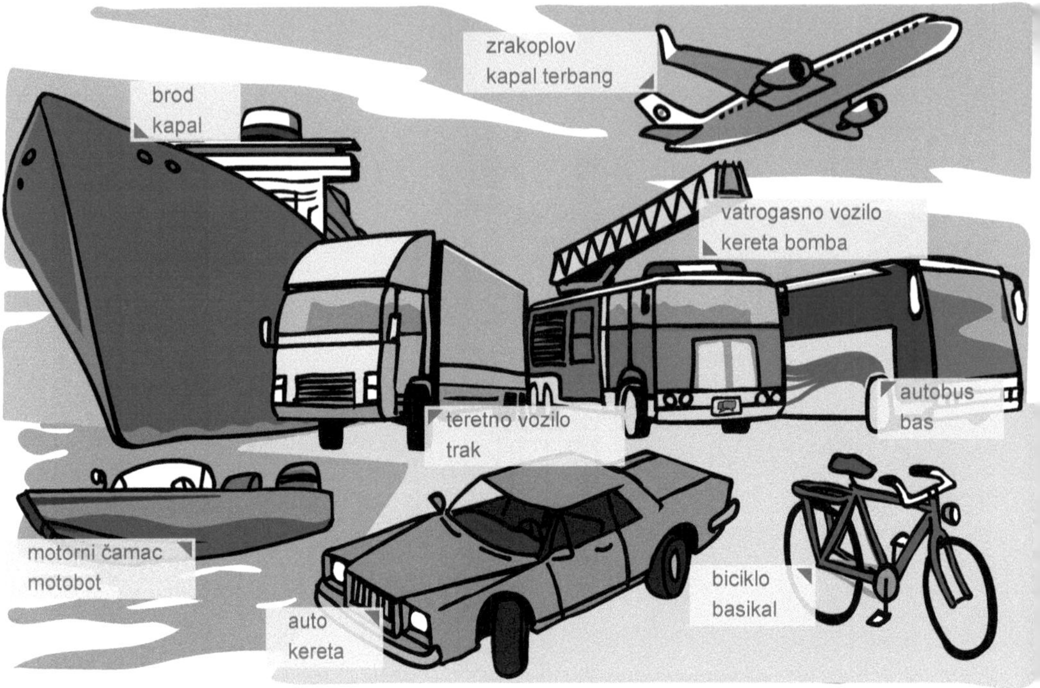
zrakoplov
kapal terbang
brod
kapal
vatrogasno vozilo
kereta bomba
autobus
bas
teretno vozilo
trak
motorni čamac
motobot
biciklo
basikal
auto
kereta

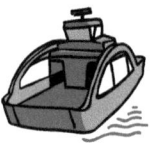

trajekt

feri

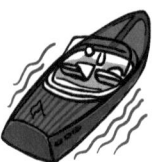

čamac

bot

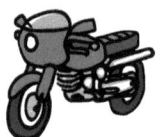

motocikl

motosikal

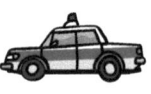

policijski auto

kereta polis

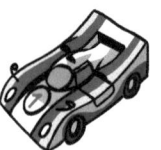

trkaći auto

kereta lumba

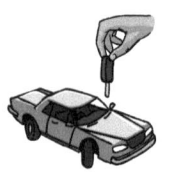

iznajmljeno auto

kereta sewa

dijeljenje automobila

berkongsi kereta

vučno vozilo

trak tunda

vozilo za odvoz smeća

trak menolak

motor

motor

benzin

bahan api

benzinska postaja

stesen minyak

prometni znak

tanda trafik

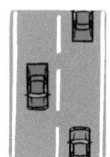

promet

trafik

zastoj

kesesakan lalu lintas

parkiralište

tempat parkir

kolodvor

stesen kereta api

šine

trek

vlak

kereta api

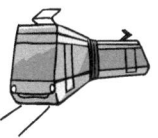

tramvaj

trem

vagon

gerabak

helikopter

helikopter

zrakoplovna luka

lapangan terbang

toranj

Menara

putnik

penumpang

kontejner

bekas

karton

kadbod

kolica

kart

košara

bakul

uzletjeti / sletjeti

berlepas / mendarat

grad
bandar

selo

kampung

centar grada

pusat bandar

kuća

rumah

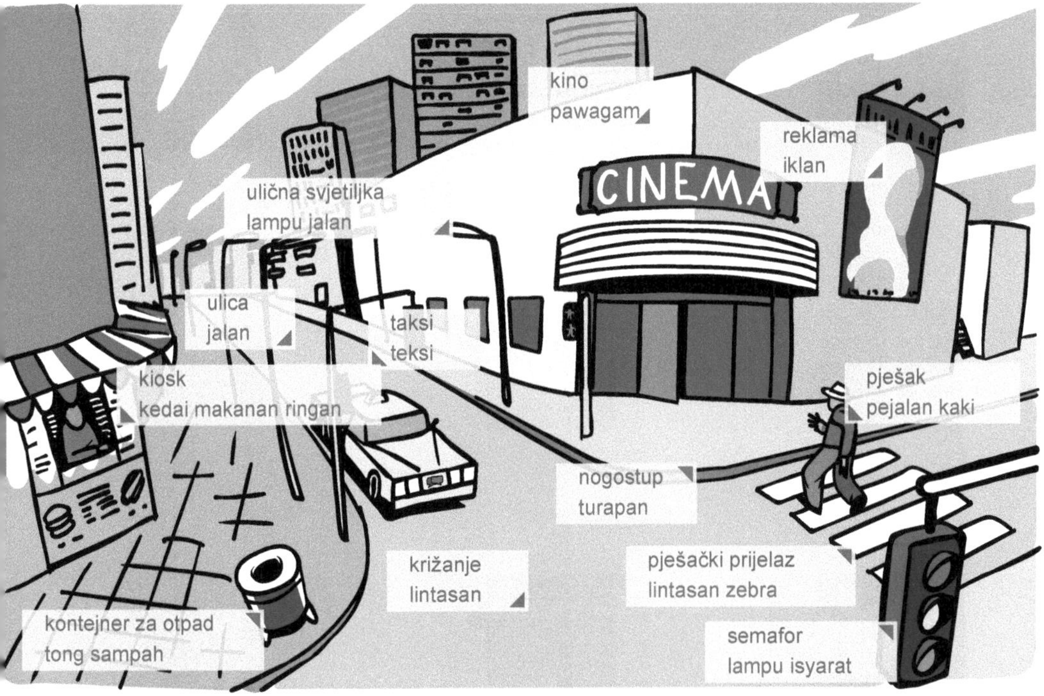

kino
pawagam

reklama
iklan

CINEMA

ulična svjetiljka
lampu jalan

ulica
jalan

taksi
teksi

kiosk
kedai makanan ringan

pješak
pejalan kaki

nogostup
turapan

križanje
lintasan

pješački prijelaz
lintasan zebra

kontejner za otpad
tong sampah

semafor
lampu isyarat

koliba
....
pondok

stan
....
flat

kolodvor
....
stesen kereta api

vijećnica
....
dewan bandar

muzej
....
muzium

škola
....
sekolah

grad - bandar   11

sveučilište

universiti

banka

bank

bolnica

hospital

hotel

hotel

ljekarna

farmasi

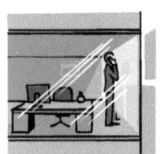

ured

pejabat

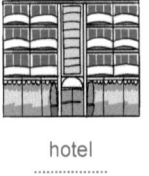

knjižara

kedai buku

prodavaonica

kedai

cvjećara

kedai bunga

supermarket

pasar raya

trg

pasaran

robna kuća

gedung

ribarnica

penjual ikan

trgovački centar

pusat membeli-belah

luka

pelabuhan

park
taman

klupa
bangku

most
jambatan

stepenice
tangga

podzemna željeznica
bawah tanah

tunel
terowong

autobusna stanica
hentian bas

bar
bar

restoran
restoran

poštansko sanduče
peti surat

ulični znak
papan tanda jalan

parkirni sat
meter parkir

zoološki vrt
zoo

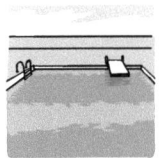

bazen
kolam renang

džamija
masjid

seosko gazdinstvo

ladang

zagađenje okoliša

pencemaran

groblje

tanah perkuburan

crkva

gereja

igralište

taman permainan

hram

kuil

krajolik
landskap

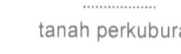

list
daun

putokaz
tiang tanda

put
jalan

livada
padang rumput

kamen
batu

šetač
pejalan kaki

drvo
pokok

rijeka
sungai

trava
rumput

cvijet
bunga

dolina

lembah

planina

bukit

jezero

tasik

šuma

hutan

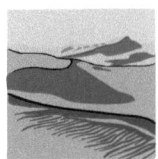

pustinja

padang pasir

vulkan

gunung berapi

dvorac

istana

duga

pelangi

gljiva

cendawan

palma

pokok kelapa sawit

moskito

nyamuk

muha

terbang

mrav

semut

pčela

lebah

pauk

labah-labah

buba

kumbang

žaba

katak

vjeverica

tupai

jež

landak

zec

arnab

sova

burung hantu

ptica

burung

labud

angsa

divlja svinja

babi jantan

jelen

rusa

los

moose

nasip

empangan

vjetrenjača

turbin angin

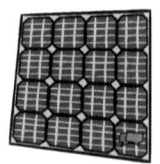

solarna ploča

panel solar

klima

iklim

restoran

restoran

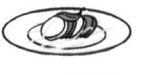

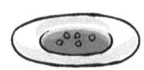

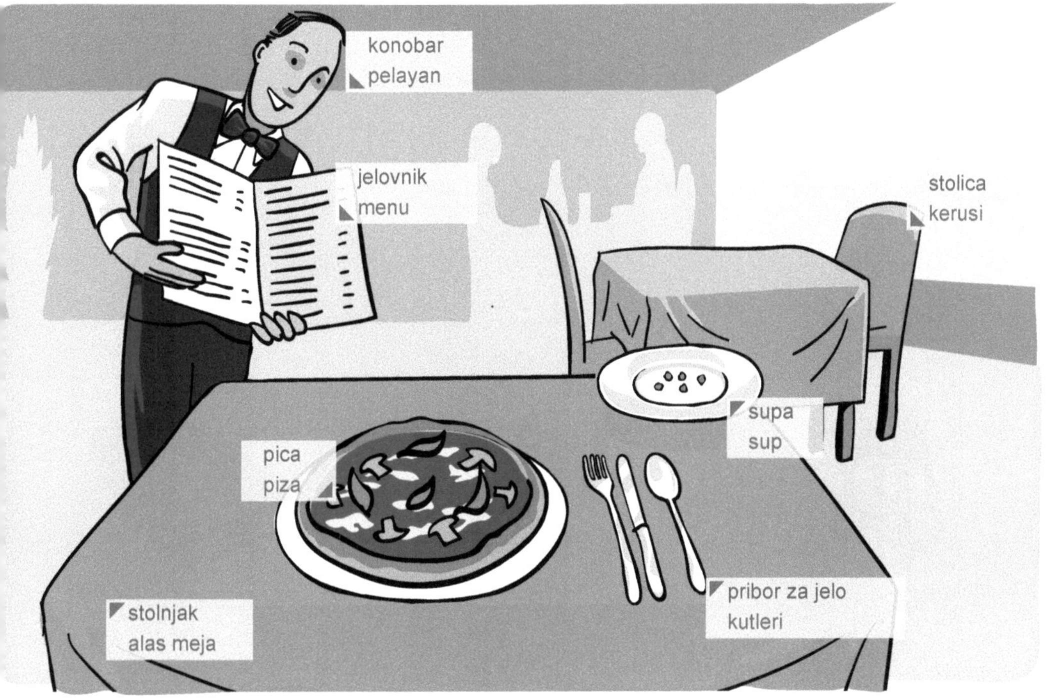
konobar
pelayan
jelovnik
menu
stolica
kerusi
supa
sup
pica
piza
pribor za jelo
kutleri
stolnjak
alas meja

predjelo

pemula

glavno jelo

hidangan utama

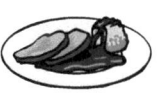

desert

pencuci mulut

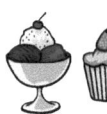

napitci

minuman

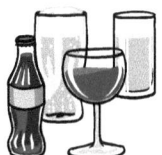

jelo

makanan

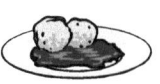

boca

botol

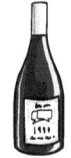

fastfood

makanan segera

imbis hrana

makanan jalanan

čajnik

teko

doza za šećer

mangkuk gula

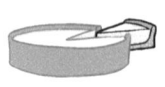

porcija

bahagian

aparat za espresso

mesin espreso

visoka stolica

kerusi tinggi

račun

bil

pladanj

dulang

nož

pisau

vilica

garfu

žlica

sudu

čajna žlica

sudu teh

ubrus

serviette

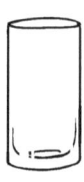

čaša

gelas

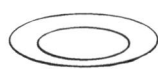

tanjur

pinggan

tanjur za supu

mangkuk sup

tanjurić

piring

sos

sos

soljenka

tempat garam

mlin za biber

pengisar lada

ocat

cuka

ulje

minyak

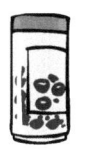

začini

rempah

kečap

sos

senf

mustard

majoneza

mayones

supermarket

pasar raya

ponuda
tawaran istimewa
FOR
kupac
pelanggan
mliječni proizvodi
tenusu
voće
buah-buahan
kolica za kupnju
troli

BUTCHERS

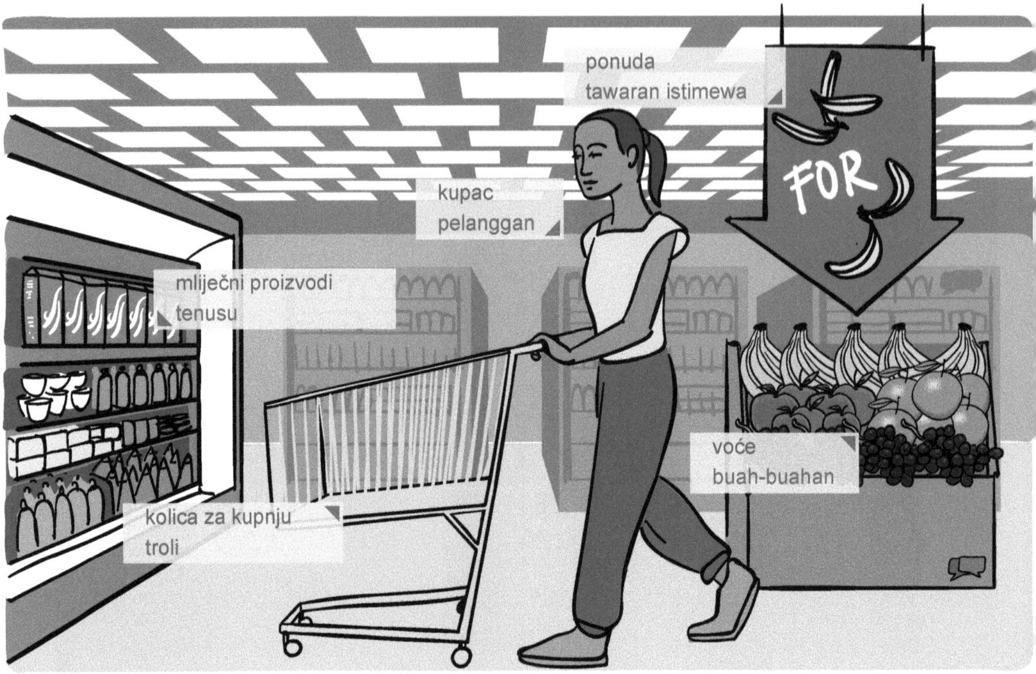

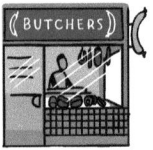

mesnica

tukang daging

BAKERY

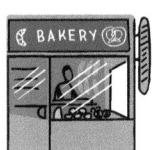

pekarnica

kedai roti

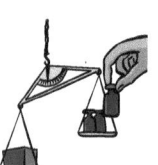

vagati

berat

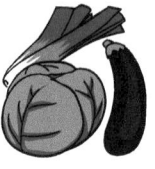

povrće

sayur-sayuran

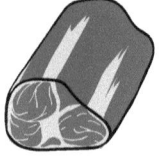

meso

daging

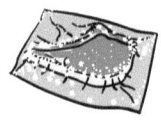

duboko smrznuta hrana

makanan sejuk beku

narezak

daging sejuk

konzerve

makanan dalam tin

sredstvo za pranje

serbuk pencuci

slatkiši

gula-gula

artikli za domaćinstvo

produk isi rumah

sredstva za čišćenje

produk pembersihan

prodavačica

orang jualan

blagajna

daftar tunai

blagajnik

juruwang

lista za kupnju

senarai membeli-belah

vrijeme rada

waktu pembukaan

novčanik

beg duit

kreditna kartica

kad kredit

torba

beg

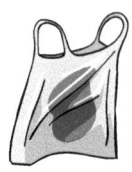

plastična vrećica

beg plastik

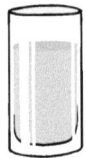

voda

air

sok

jus

mlijeko

susu

cola

kola

vino

wain

pivo

bir

alkohol

alkohol

kakao

koko

čaj

the

kava

kopi

espresso

espreso

cappuccino

kapucino

banana

pisang

jabuka

epal

naranča

oren

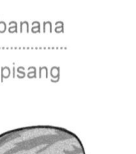

lubenica

tembikai

limun

lemon

mrkva

lobak merah

češnjak

bawang putih

bambus

buluh

luk

bawang

gljiva

cendawan

orašasti plodovi

kacang

rezanci

mi

špagete
....
spageti

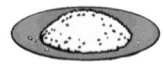

riža
....
nasi

salata
....
salad

pomfrit
....
kerepek

pečeni krumpir
....
kentang goreng

pica
....
piza

hamburger
....
hamburger

sendvič
....
sandwic

šnicla
....
kutlet

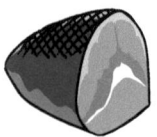

pršut
....
ham

salama
....
salami

kobasica
....
sosej

kokoš
....
ayam

pečenje
....
panggang

riba
....
ikan

zobene pahuljice

bubur oat

musli

muesli

kukuruzne pahuljice

emping jagung

brašno

tepung

roščić

kroisan

pecivo

roti roll

kruh

roti

toast

roti bakar

keksi

biskut

maslac

mentega

svježi sir

dadih

kolač

kek

jaje

telur

jaje na oko

telur goreng

sir

keju

sladoled
ais krim

šećer
gula

med
madu

marmelada
jem

nugat krema
krim nougat

curry
kari

jelo - makanan

seosko gazdinstvo
ladang

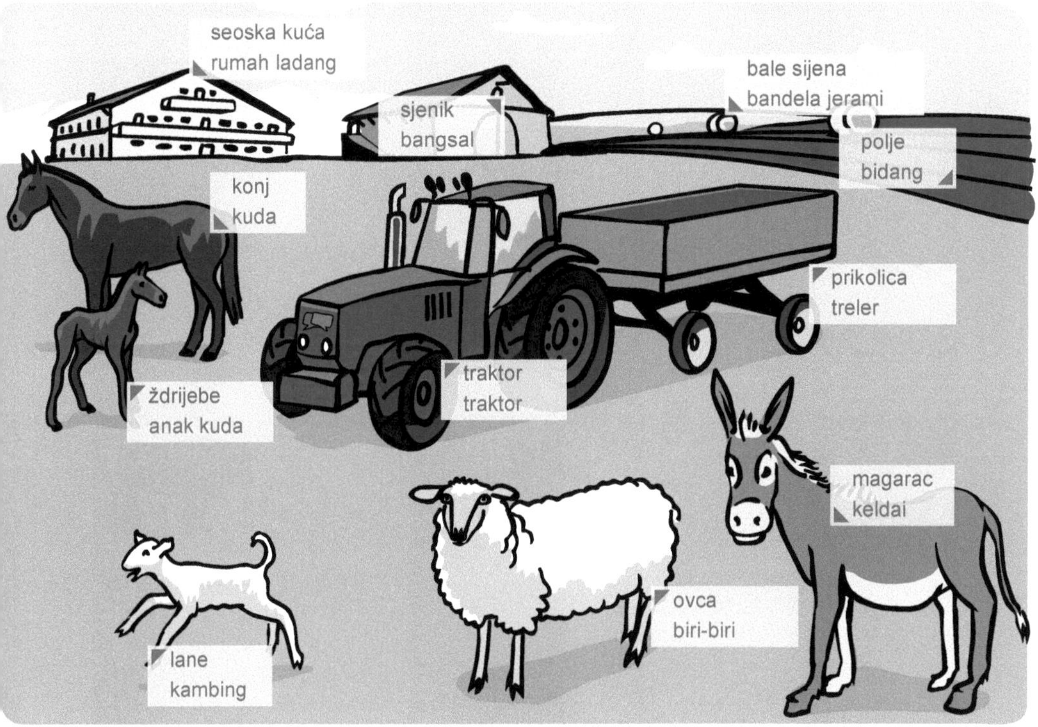

seoska kuća
rumah ladang
sjenik
bangsal
bale sijena
bandela jerami
polje
bidang
konj
kuda
prikolica
treler
traktor
traktor
ždrijebe
anak kuda
magarac
keldai
ovca
biri-biri
lane
kambing

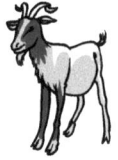

koza
kambing

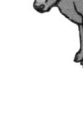

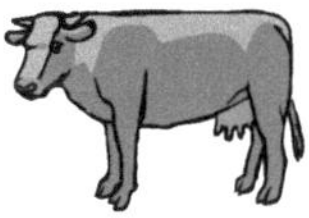

krava
lembu

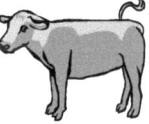

tele
anak lembu

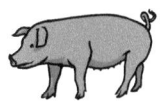

svinja
babi

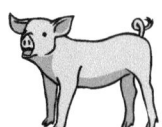

prase
anak babi

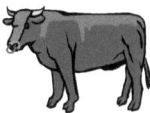

bik
lembu

guska

angsa

patka

itik

pilići

anak ayam

kokoš

ayam betina

pijetao

ayam jantan muda

pacov

tikus

mačka

kucing

miš

tikus

vol

lembu jantan

pas

anjing

kućica za psa

rumah anjing

vrtno crijevo

hos taman

kanta za polijevanje

bekas siraman

kosa

sabit

plug

bajak

srp

sabit

motika

cangkul

vilica za gnojivo

serampang peladang

sjekira

kapak

tačke

kereta sorong

korito

palung

posuda za mlijeko

tin susu

vreća

karung

ograda

pagar

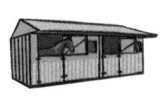

štala

stabil

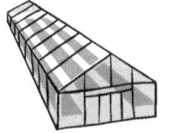

staklenik

rumah hijau

zemlja

tanah

sjeme

benih

gnojivo

baja

kombajn

jentuai

žanjati

tuai

žetva

menuai

yams začin

keladi

pšenica

gandum

soja

soya

krumpir

kentang

kukuruz

jagung

uljana repica

biji sawi

voćka

pokok buah-buahan

gomolj manioke

ubi kayu

žitarice

bijirin

kuća
rumah

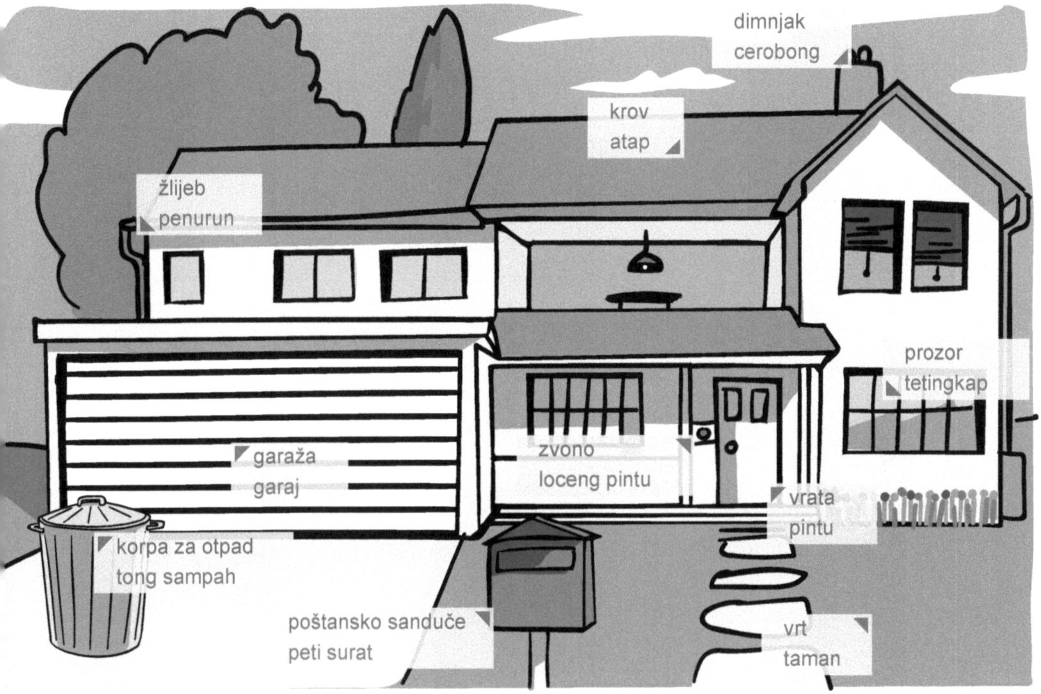
dimnjak
cerobong
krov
atap
žlijeb
penurun
prozor
tetingkap
garaža
garaj
zvono
loceng pintu
vrata
pintu
korpa za otpad
tong sampah
poštansko sandučе
peti surat
vrt
taman

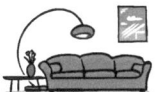

dnevna soba

ruang tamu

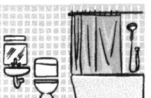

kupaonica

bilik air

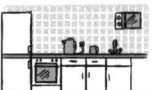

kuhinja

dapur

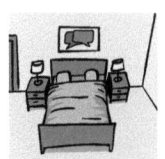

spavaća soba

bilik tidur

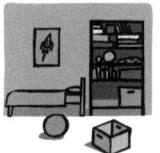

dječija soba

bilik kanak-kanak

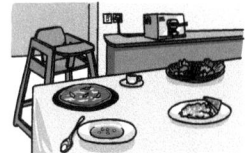

trpezarija

ruang makan

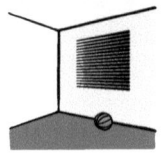

pod

lantai

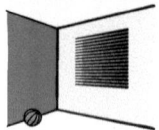

zid

dinding

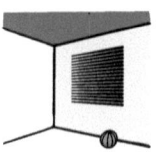

strop

siling

podrum

bilik bawah tanah

sauna

sauna

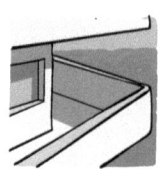

balkon

balkoni

terasa

teres

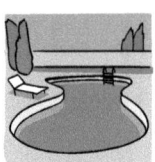

bazen

kolam renang

kosilica za travu

pemotong rumput

posteljina za krevet

lembaran

deka za krevet

penutup tilam

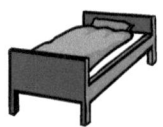

krevet

katil

metla

penyapu

kanta

timba

sklopka

suis

dnevna soba
ruang tamu

tapeta
kertas dinding
slika
gambar
svjetiljka
lampu
regal
rak
ormar
kabinet
televizija
televisyen
kamin
pendiangan
cvijet
bunga
jastuk
kusyen
kauč
sofa
vaza
pasu
daljinski upravljač
alat kawalan jauh

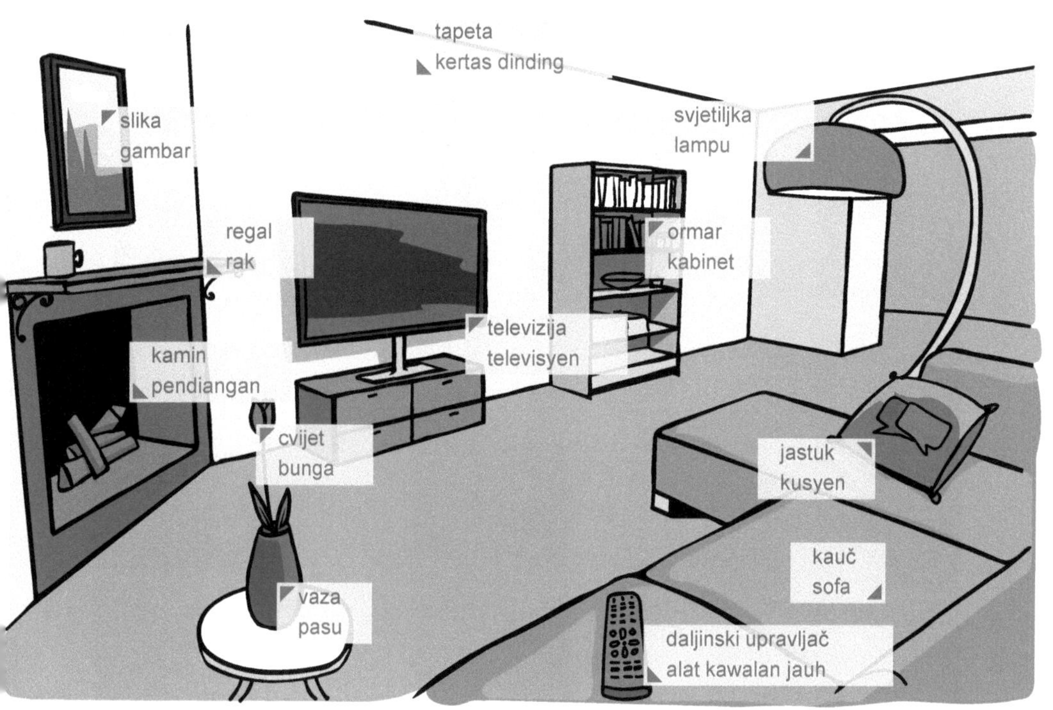

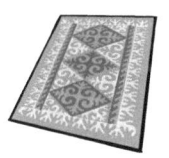

tepih
permaidani

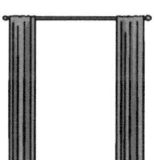

zavjesa
tirai

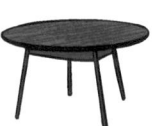

stol
meja

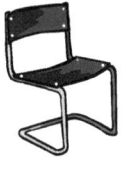

stolica
kerusi

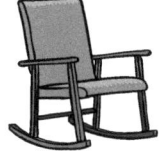

stolica za njihanje
kerusi malas

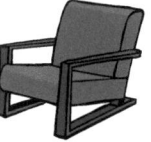

fotelja
kerusi

knjiga
buku

deka
selimut

dekoracija
hiasan

drvo za ogrjev
kayu api

film
filem

stereo uređaj
hi-fi

ključ
kunci

novine
akhbar

slika na platnu
lukisan

poster
poster

radio
radio

blok za pisanje
buku catatan

usisavač
penyedut habuk

kaktus
kaktus

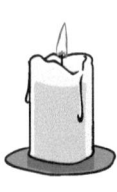

svijeća
lilin

kuhinja
dapur

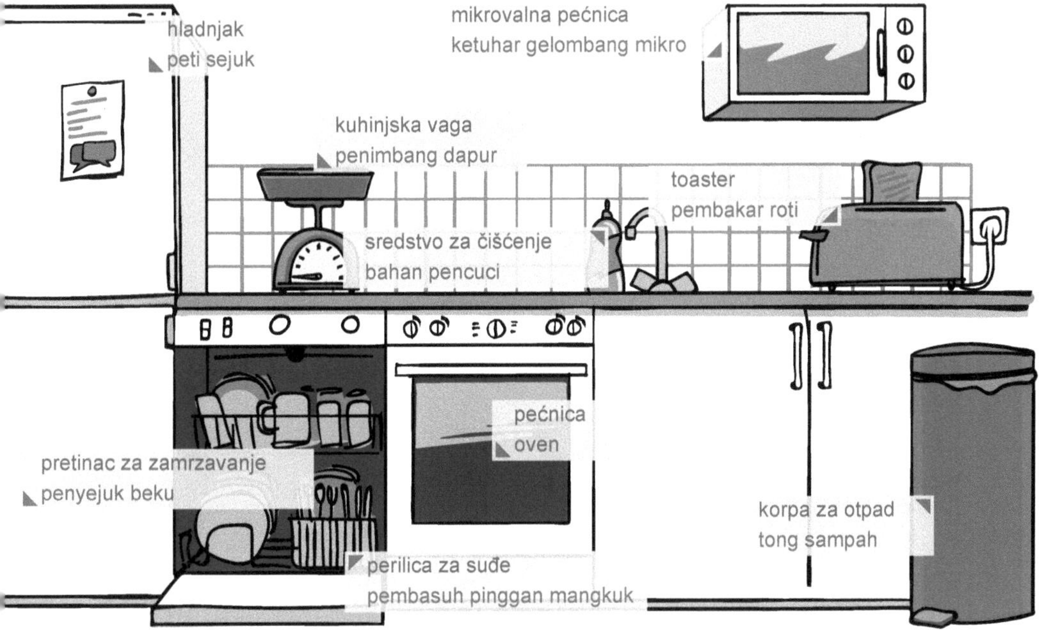

hladnjak
peti sejuk
mikrovalna pećnica
ketuhar gelombang mikro
kuhinjska vaga
penimbang dapur
toaster
pembakar roti
sredstvo za čišćenje
bahan pencuci
pećnica
oven
pretinac za zamrzavanje
penyejuk beku
korpa za otpad
tong sampah
perilica za suđe
pembasuh pinggan mangkuk

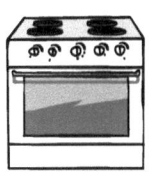

štednjak

periuk dapur

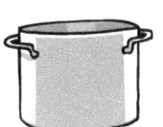

lonac

periuk

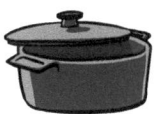

željezni lonac

periuk besi

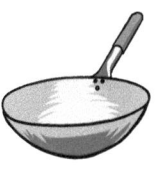

wok / kadai

kuali

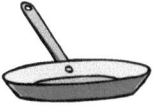

tava

pan

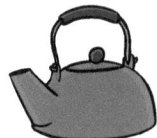

kuhalo za vodu

cerek

kuhalo na paru

pengukus

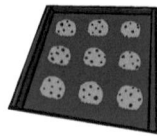

lim za pečenje

dulang pembakar

posuđe

pinggan mangkuk

čaša

koleh

zdjela

mangkuk

štapići za jelo

penyepit

kutljača

senduk

lopatica

spatula

pjenjača

pengadun

sito za kuhanje

penapis

sito

ayak

ribež

pemarut

mužar

mortar

roštilj

barbeku

ognjište

pembakaran terbuka

daska

papan pencincang

oklagija

pin golekan

vadičep

skru gabus

konzerva

tin

otvarač konzervi

pembuka tin

krpa za lonac

pemegang periuk

sudoper

sinki

četka

berus

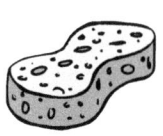

spužva

span

mikser

pengisar

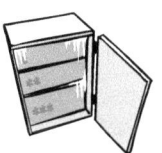

zamrzivač

penyejuk beku

bočica za bebe

botol bayi

slavina za vodu

paip

kuhinja - dapur

kupaonica
bilik air

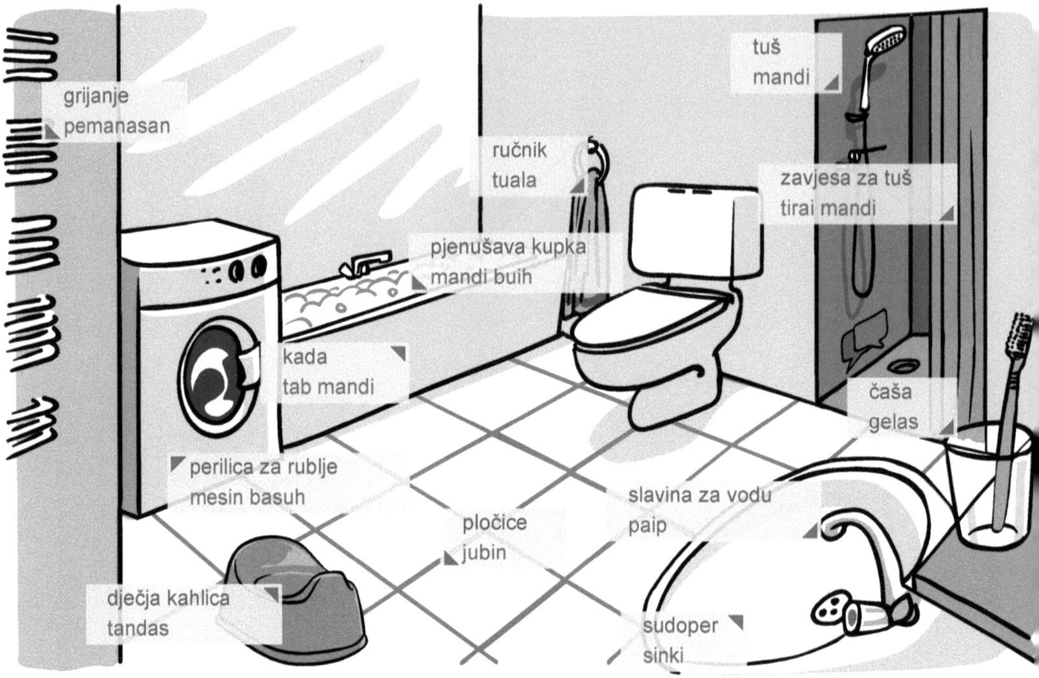

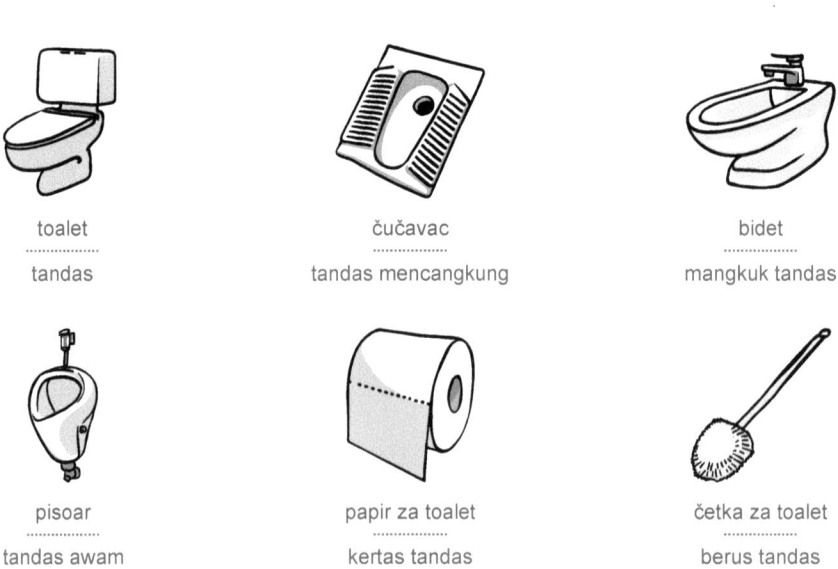

grijanje
pemanasan
tuš
mandi
ručnik
tuala
zavjesa za tuš
tirai mandi
pjenušava kupka
mandi buih
kada
tab mandi
čaša
gelas
perilica za rublje
mesin basuh
slavina za vodu
paip
pločice
jubin
dječja kahlica
tandas
sudoper
sinki

toalet
tandas

čučavac
tandas mencangkung

bidet
mangkuk tandas

pisoar
tandas awam

papir za toalet
kertas tandas

četka za toalet
berus tandas

četkica za zube

berus gigi

pasta za zube

ubat gigi

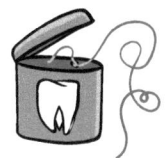

konac za zube

flos gigi

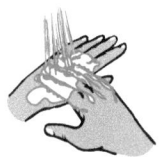

prati

cuci

tuš ručica

mandian tangan

tuš za pranje intimnih dijelova

pancuran

lavor

besen

četka za pranje leđa

belakang berus

sapun

sabun

gel za tuširanje

gel mandian

šampon

syampu

krpa za pranje

flanel

odvod

longkang

krema

krim

dezodorans

deodoran

ogledalo

cermin

kozmetičko ogledalo

cermin tangan

brijač

pisau cukur

pjena za brijanje

busa cukur

losion za poslije brijanja

selepas cukur

češalj

sikat

četka

berus

sušilo za kosu

pengering rambut

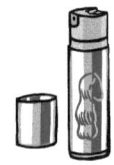

sprej za kosu

semburan rambut

makeup

mekap

ruž za usne

gincu

lak za nokte

varnis kuku

vata

bulu kapas

škare za nokte

gunting kuku

parfem

pewangi

neseser

beg basuhan

stolica

bangku

vaga

skala berat

ogrtač

jubah mandi

rukavice za čišćenje

sarung tangan getah

tampon

kapas

uložak

tuala wanita

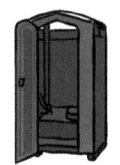

kemijski toalet

tandas kimia

dječija soba

bilik kanak-kanak

budilnik
jam loceng
plišana igračka
mainan kegemaran
auto igračka
kereta mainan
zvečka
kerincing bayi
kućica za lutke
rumah anak patung
poklon
hadiah

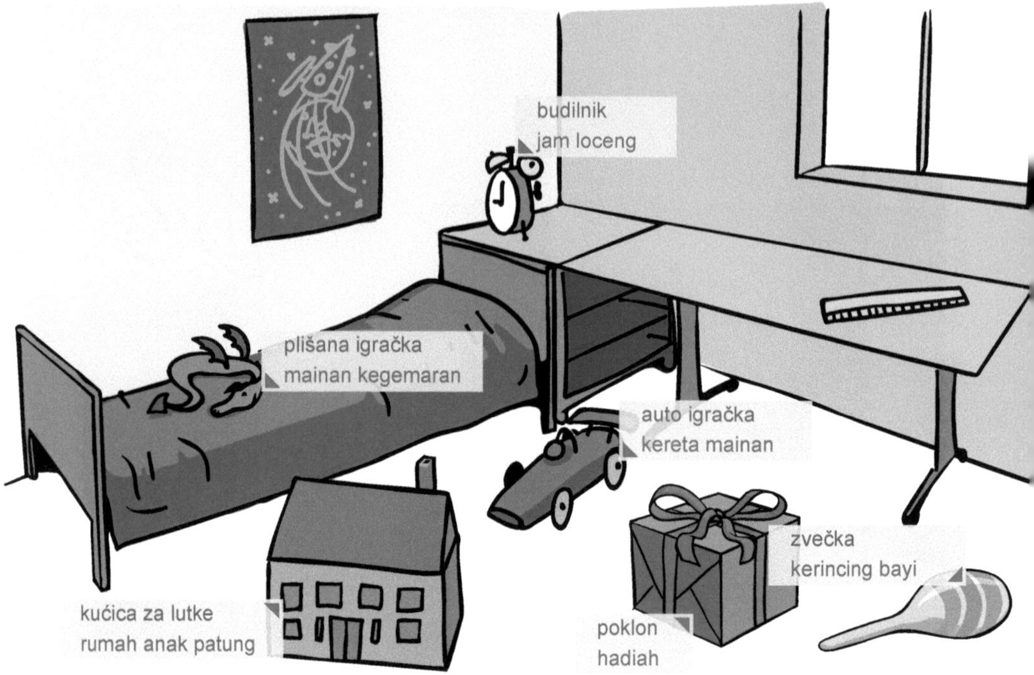

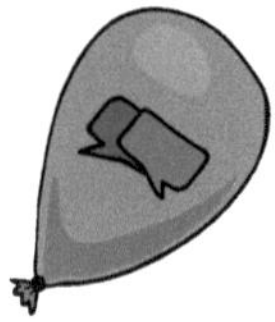

balon
belon

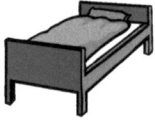

krevet
katil

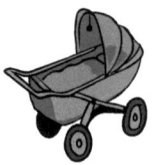

dječija kolica
kereta sorong bayi

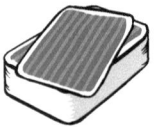

igra s kartama
set kad

slagalica
susun suai gambar

SUPER
MEGA

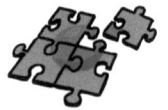

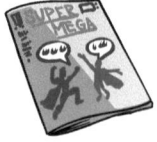

strip
komik

lego kockice

batu bata lego

kockice za slaganje

blok mainan

akcioni junak

figura aksi

kombinezon za bebe

baju bayi

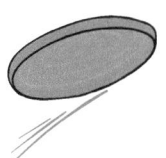

frizbi

frisbee

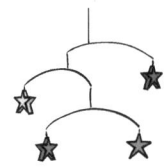

viseće igračke

mainan bayi mudah alih

društvene igre

permainan papan

kocka

dadu

minijaturna željeznica

set model kereta api

duda

palsu

tulum

parti

slikovnica

buku bergambar

lopta

bola

lutka

anak patung

igrati

main

pješčanik

lubang pasir

ljuljačka

buai

igračka

mainan

konzola za igre

konsol permainan video

tricikl

basikal roda tiga

plišani medo

anak patung beruang

ormar

almari pakaian

odjeća
pakaian

kratke čarape

stoking

čarape

stoking

hulahopke

ketat

šal
skarf

kišobran
payung

t-shirt
kemeja-t

g/keselamatan

čizme
but

papuče
selipar

patike
kasut sukan

sandale
....
sandal

cipele
....
kasut

gumene čizme
....
but getah

gaćice
....
seluar dalam

grudnjak
....
coli

potkošulja
....
ves

bodi
badan

hlače
Seluar panjang

džins
jean

haljina
skirt

bluza
blaus

košulja
kemeja

džemper
baju panas sarung

pulover s kapuljačom
sweater

blejzer
blazer

jakna
jaket

kaput
kot

kabanica
baju hujan

kostim
kostum

haljina
pakaian

vjenčanica
baju pengantin

odijelo

sut

spavaćica

baju tidur

pidžama

baju tidur

sari

sari

rubac

skarf kepala

turban

serban

burka

burqa

kaftan

kaftan

abaja

abaya/jubah

kupaći kostim

baju renang

kupaće gaćice

seluar renang

kratke hlače

seluar pendek

odjeća za trening

sut balapan

pregača

apron

rukavice

sarung tangan

gumb

butang

naočale

cermin mata

narukvica

gelang tangan

ogrlica

rantai leher

prsten

cincin

naušnica

subang

kapa

topi

vješalica

penyangkut kot

šešir

topi

kravata

tali leher

patent zatvarač

zip

kaciga

topi keledar

naramenice

pendakap

školska uniforma

uniform sekolah

uniforma

seragam

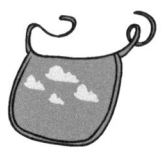

podbradak

lapik dada

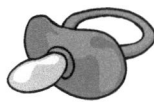

duda

palsu

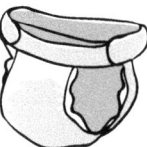

pelena

lampin

ured
pejabat

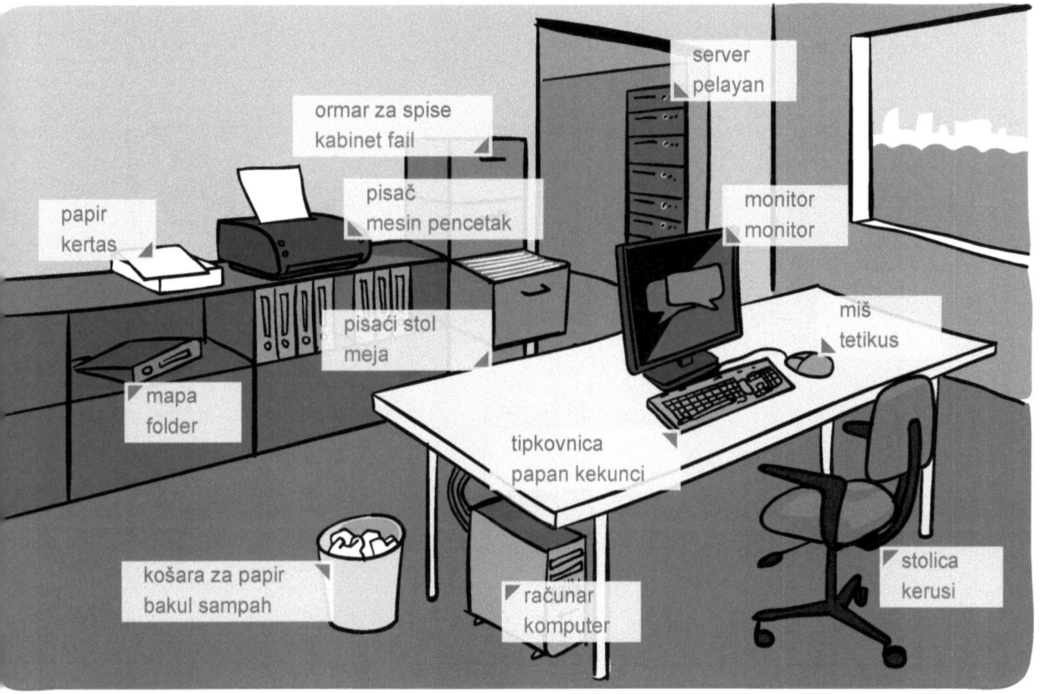
server
pelayan
ormar za spise
kabinet fail
papir
kertas
pisač
mesin pencetak
monitor
monitor
pisaći stol
meja
miš
tetikus
mapa
folder
tipkovnica
papan kekunci
košara za papir
bakul sampah
računar
komputer
stolica
kerusi

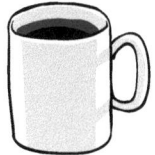

šalica za kavu

cawan kopi

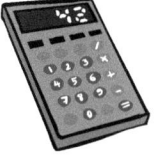

kalkulator

kalkulator

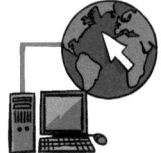

internet

internet

laptop

komputer riba

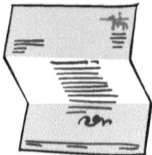

pismo

surat

poruka

mesej

mobilni telefon

mudah alih

mreža

rangkaian

uređaj za kopiranje

mesin fotokopi

softver

perisian

telefon

telefon

utičnica

soket plag

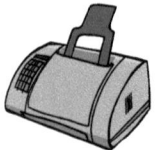

faks

mesin faks

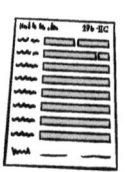

obrazac

bentuk

dokument

dokumen

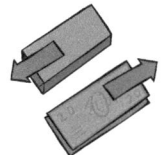

kupovati
beli

platiti
bayar

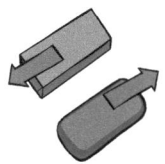

trgovati
berdagang

novac
wang

dolar
dolar

euro
euro

jen
yen

rubalj
rubel

švicarski franak
franc swiss

renmindbi yuan
renminbi yuan

rupija
rupee

automat za novac
mata tunai

mjenjačnica

pejabat tukaran mata wang

zlato

emas

srebro

perak

nafta

minyak

energija

tenaga

cijena

harga

ugovor

kontrak

porez

cukai

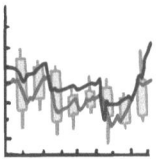

dionica

stok

raditi

kerja

službenik

pekerja

poslodavac

majikan

tvornica

kilang

prodavaonica

kedai

policajac
pegawai polis

vatrogasac
ahli bomba

kuhar
tukang masak

liječnik
doktor

pilot
juruterbang

vrtlar
tukang kebun

stolar
tukang kayu

krojačica
tukang jahit

sudija
hakim

kemičar
ahli kimia

glumac
pelakon

vozač autobusa

pemandu bas

vozač taksija

pemandu teksi

ribar

nelayan

čistačica

wanita pencuci

krovopokrivač

kasau

konobar

pelayan

lovac

pemburu

slikar

pelukis

pekar

bakeri

električar

juruelektrik

građevinski radnik

pembangun

inženjer

jurutera

mesar

penjual daging

limar

tukang paip

poštar

posmen

vojnik

askar

arhitekta

arkitek

blagajnik

juruwang

cvjećar

kedai bunga

frizer

pendandan rambut

kondukter

konduktor

mehaničar

mekanik

kapetan

kapten

zubar

doktor gigi

znanstvenik

ahli sains

rabi

tuhanku

imam

imam

monah

sami

svećenik

paderi

alati
alat

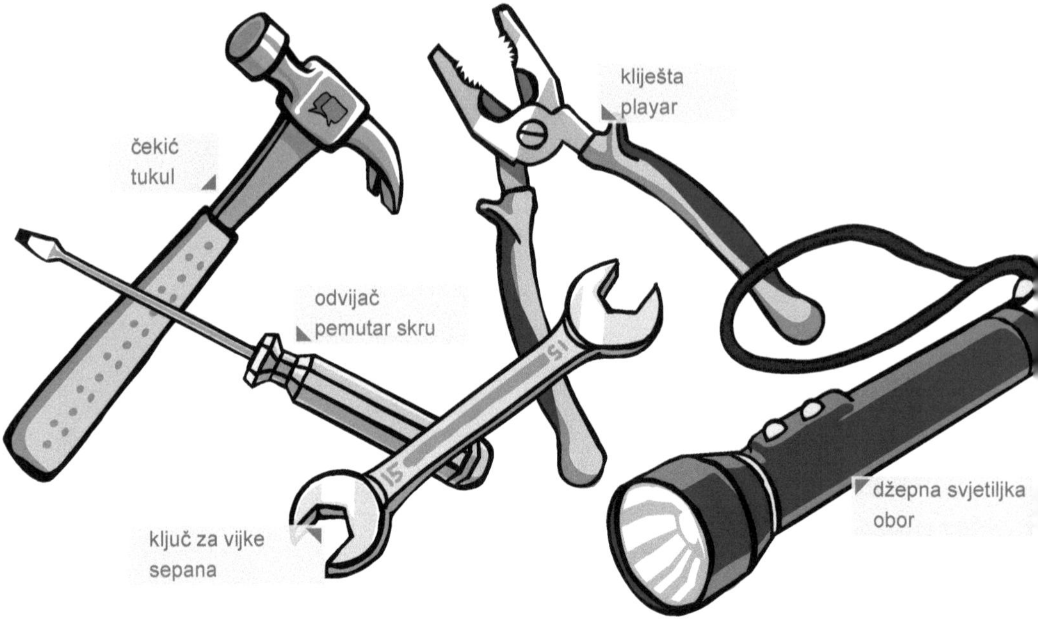
čekić
tukul
kliješta
playar
odvijač
pemutar skru
ključ za vijke
sepana
džepna svjetiljka
obor

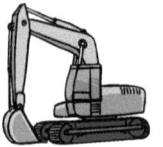

rovokopač

pengorek

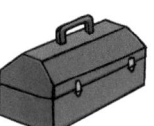

kutija za alat

kotak peralatan

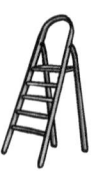

ljestve

tangga

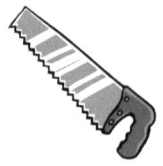

pila

gergaji

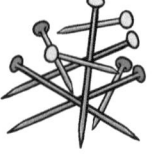

ekser

kuku

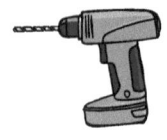

bušilica

gerudi

popraviti

baiki

lopata

penyodok

Sranje!

Celaka!

lopatica

penadah sampah

lonac za boju

periuk cat

vijci

skru

glazbeni instrument
alat muzik

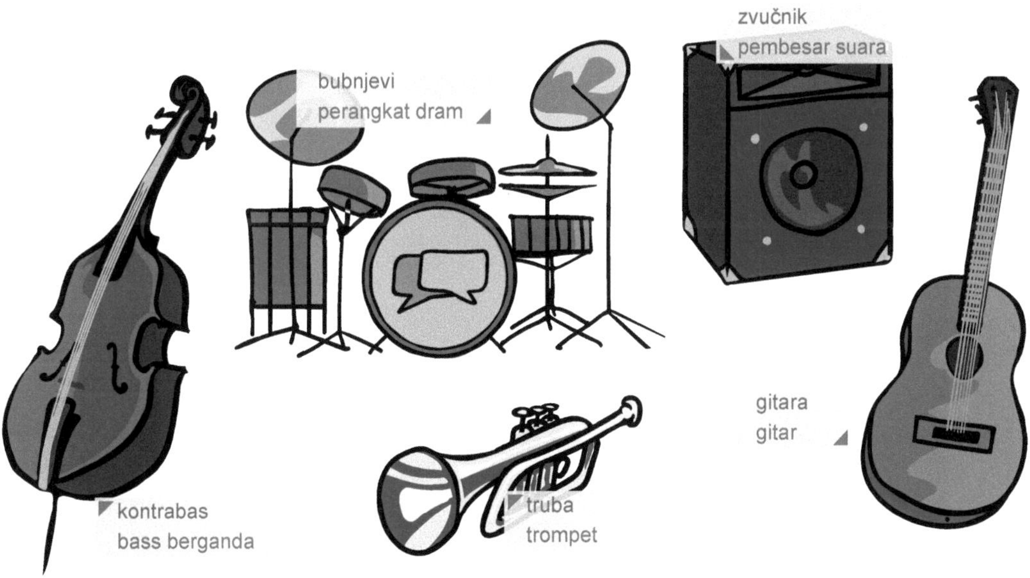

zvučnik
pembesar suara

bubnjevi
perangkat dram

gitara
gitar

kontrabas
bass berganda

truba
trompet

klavir
piano

violina
biola

bas
bass

timpani
timpani

udaraljke za bubnjeve
dram

keyboard
papan kekunci

saksofon
saksofon

flauta
seruling

mikrofon
mikrofon

glazbeni instrument - alat muzik

zoološki vrt

zoo

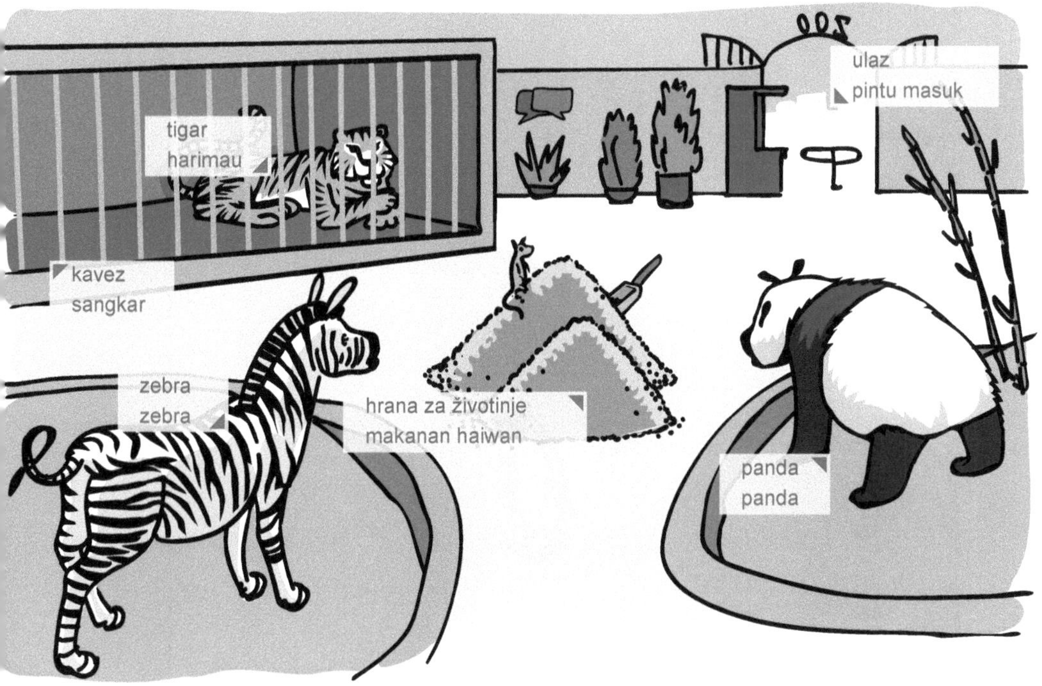
ulaz
pintu masuk
tigar
harimau
kavez
sangkar
zebra
zebra
hrana za životinje
makanan haiwan
panda
panda

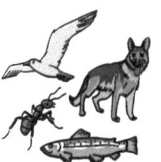

životinje

haiwan

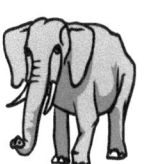

slon

gajah

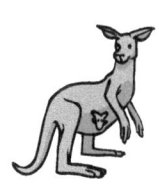

kengur

kanggaru

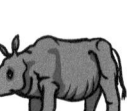

nosorog

badak sumbu

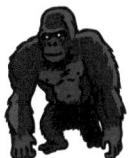

gorila

gorila

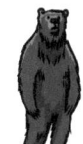

medvjed

beruang

kamila

unta

noj

burung unta

lav

singa

majmun

monyet

flamingo

flamingo

papagaj

nuri

polarni medvjed

beruang kutub

pingvin

penguin

ajkula

yu

paun

merak

zmija

ular

krokodil

buaya

čuvar u zoološkom vrtu

penjaga zoo

tuljan

anjing laut

jaguar

jaguar

poni
kuda

leopard
harimau

nilski konj
badak air

žirafa
zirafah

orao
helang

divlja svinja
babi jantan

riba
ikan

kornjača
penyu

morž
anjing laut

lisica
musang

gazela
rusa

šport

sukan

američki nogomet
bola sepak Amerika

biciklizam
berbasikal

tenis
tenis

košarka
bola keranjang

plivanje
renang

boks
tinju

hockey na ledu
hoki ais

nogomet
bola sepak

badminton
badminton

atletika
olahraga

rukomet
bola baling

skijanje
ski

polo
polo

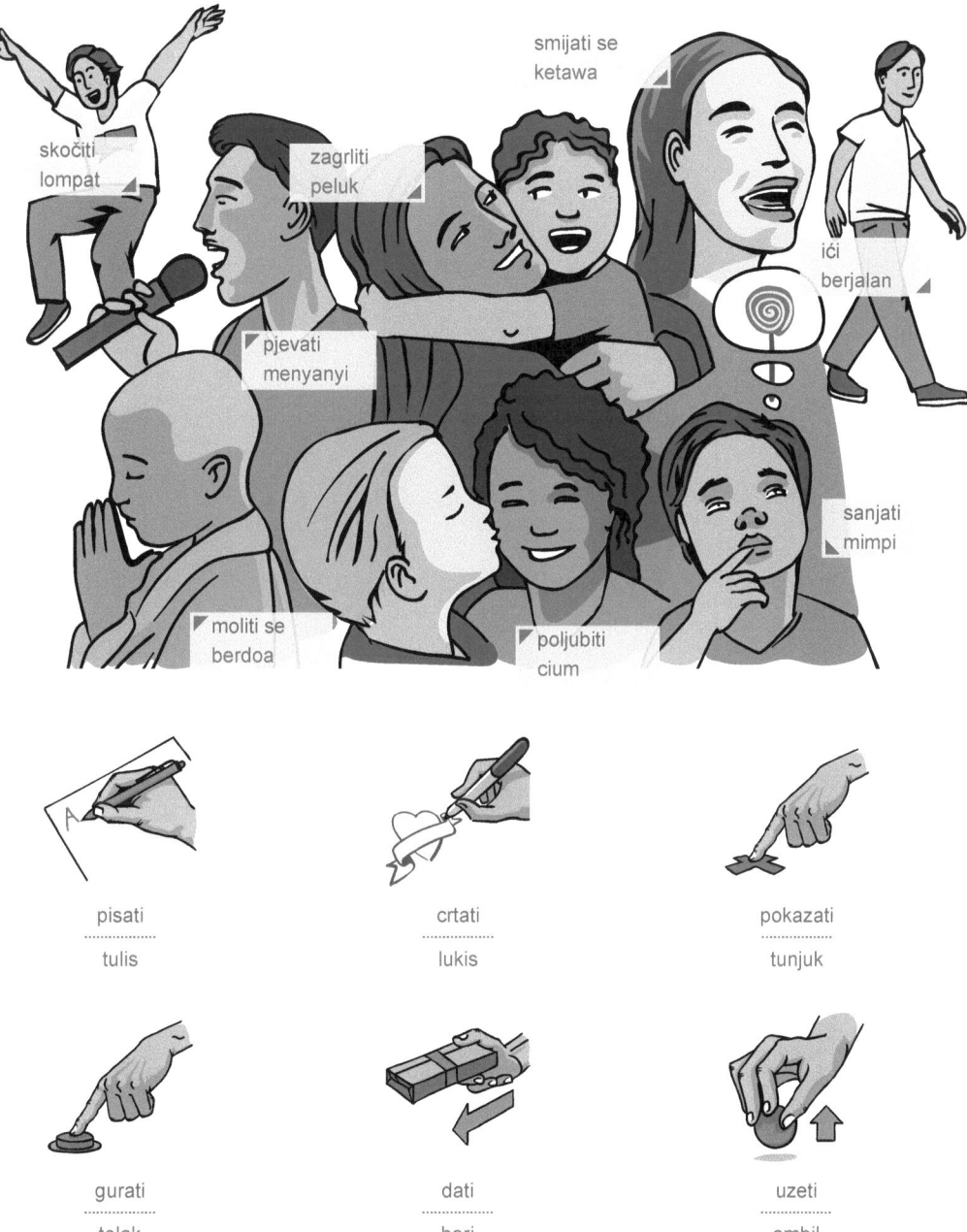

skočiti
lompat

zagrliti
peluk

smijati se
ketawa

ići
berjalan

pjevati
menyanyi

sanjati
mimpi

moliti se
berdoa

poljubiti
cium

pisati
tulis

crtati
lukis

pokazati
tunjuk

gurati
tolak

dati
beri

uzeti
ambil

imati

ada

činiti

buat

biti

ialah

stojati

berdiri

trčati

lari

povlačiti

tarik

baciti

buang

padati

jatuh

ležati

tipu

čekati

tunggu

nositi

bawa

sjediti

duduk

oblačiti

pakai

spavati

tidur

probuditi se

bangkit

gledati

lihat pada

plakati

menangis

milovati

strok

češljati

sikat

govoriti

cakap

razumjeti

faham

pitati

tanya

slušati

dengar

piti

minum

jesti

makan

pospremiti

mengemas

voljeti

sayang

kuhati

masak

voziti

pandu

letjeti

terbang

ploviti

belayar

računati

kira

čitati

baca

učiti

belajar

raditi

kerja

vjenčati se

nikah

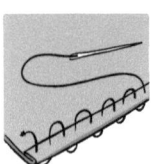

šiti

jahit

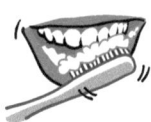

prati zube

memberus gigi

ubiti

bunuh

pušiti

asap

poslati

hantar

obitelj
keluarga

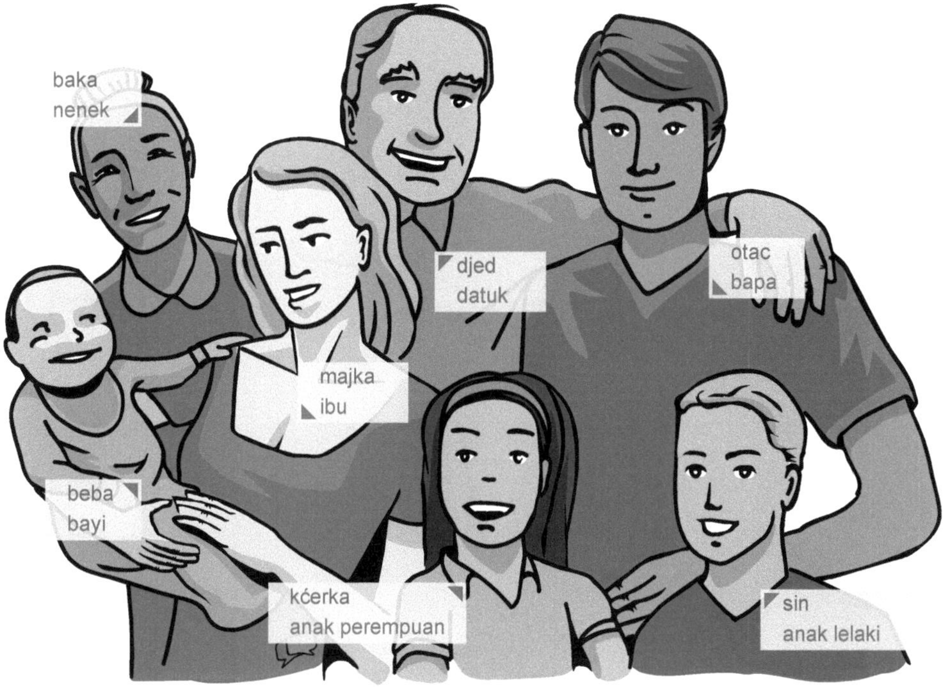
baka
nenek
djed
datuk
otac
bapa
majka
ibu
beba
bayi
kćerka
anak perempuan
sin
anak lelaki

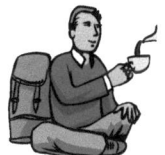

gost

tetamu

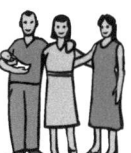

tetka

mak cik

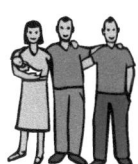

ujak, stric

pak cik

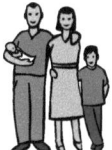

brat

abang

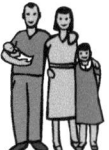

sestra

kakak

tijelo
badan

čelo
dahi
oko
mata
lice
muka
brada
dagu
prst
jari
ruka
tangan
grudi
dada
ruka
lengan
rame
bahu
noga
kaki

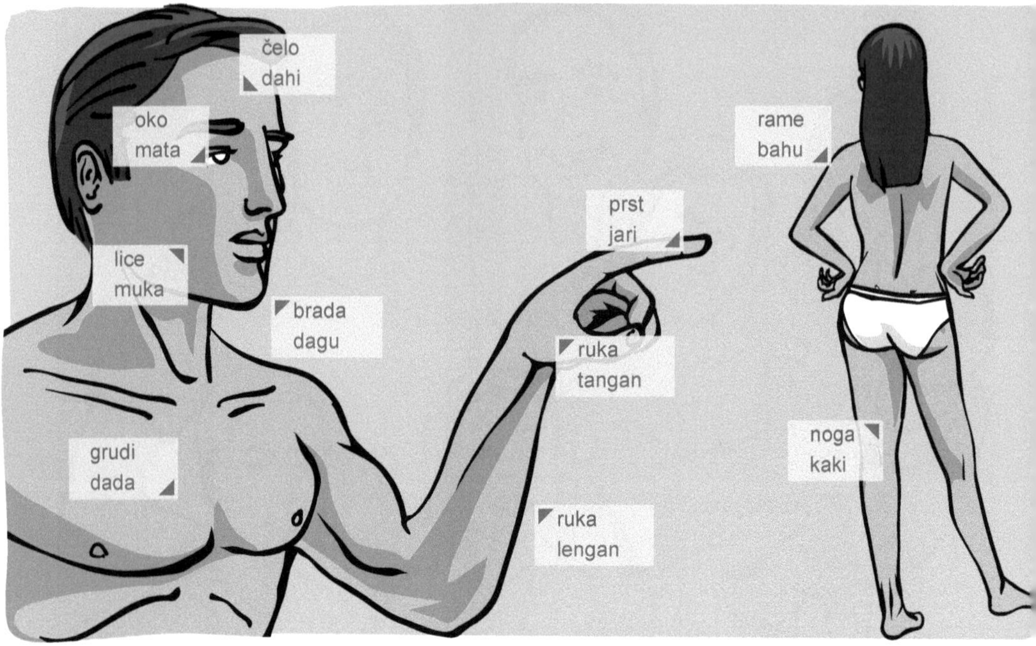

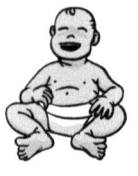

beba
bayi

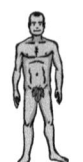

muškarac
lelaki

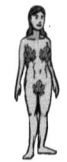

žena
wanita

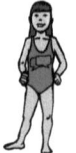

djevojčica
perempuan

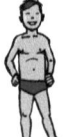

dječak
lelaki

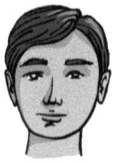

glava
kepala

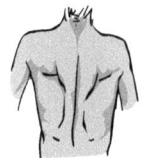	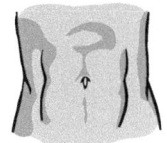	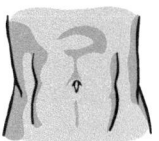
leđa	trbuh	pupak
belakang	bawah perut	pusat
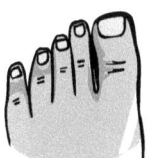	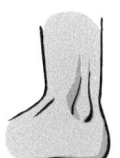	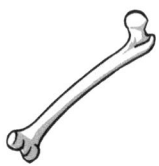
nožni prst	peta	kost
jari kaki	tumit	tulang
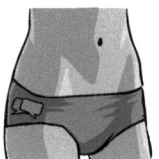	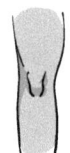	
kuk	koljeno	lakat
pinggul	lutut	siku
		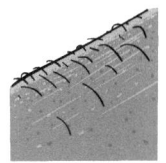
nos	stražnjica	koža
hidung	bawah	kulit
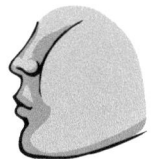	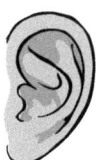	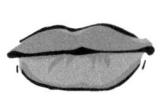
obraz	uho	usna
pipi	telinga	bibir

usta

mulut

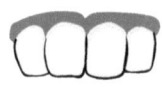

zub

gigi

jezik

lidah

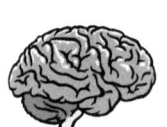

mozak

otak

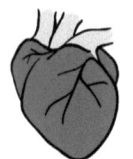

srce

hati

mišić

otot

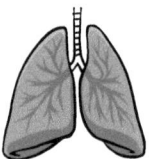

pluća

paru-paru

jetra

hati

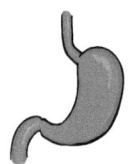

želudac

perut

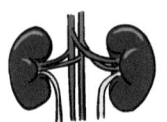

bubrezi

buah pinggang

snošaj

seks

kondom

kondom

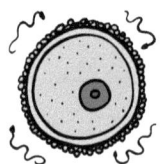

jajna stanica

faraj

sperma

mani

trudnoća

mengandung

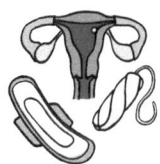

menstruacija

haid

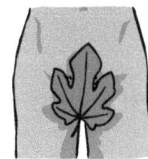

vagina

faraj

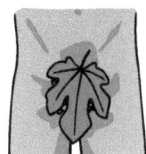

penis

penis

obrva

kening

kosa

rambut

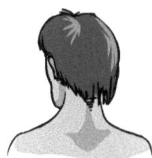

vrat

leher

bolnica
hospital

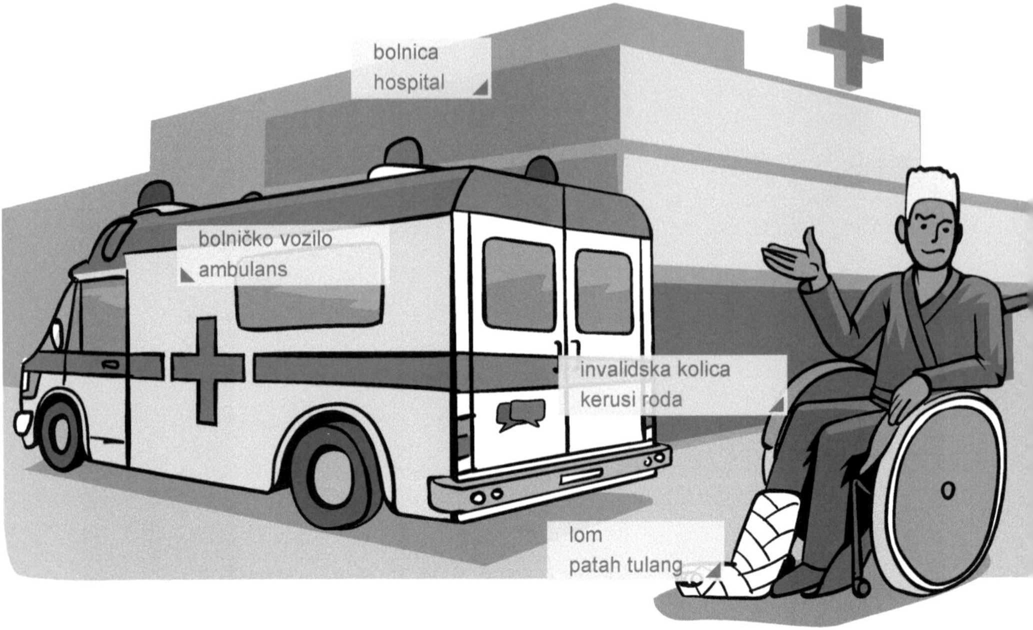

bolnica
hospital
bolničko vozilo
ambulans
invalidska kolica
kerusi roda
lom
patah tulang

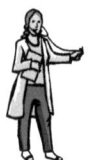

liječnik

doktor

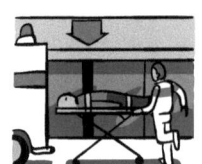

hitna medicinska služba

bilik kecemasan

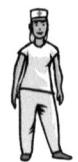

medicinska sestra

jururawat

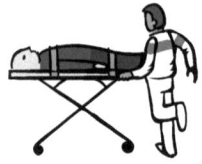

hitni slučaj

kecemasan

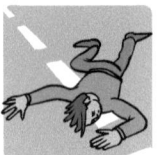

nesvijest

tak sedar

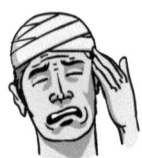

bol

sakit

ozljeda

kecederaan

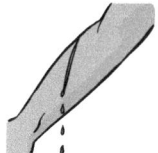

krvarenje

pendarahan

srćani infarkt

serangan jantung

moždani udar

strok

alergija

alergi

kašalj

batuk

groznica

demam

gripa

selesema

proljev

cirit-birit

glavobolja

sakit kepala

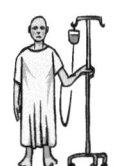

rak

kanser

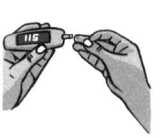

dijabetes

diabetes

kirurg

pakar bedah

skalpel

pisau bedah

operacija

pembedahan

ct
CT

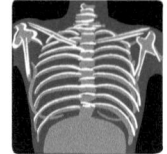

rentgen
x-ray

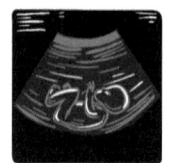

ultrazvuk
ultrabunyi

maska
topeng muka

bolest
penyakit

čekaonica
bilik menunggu

štaka
penongkat

flaster
plaster

zavoj
pembalut

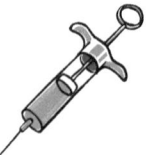

injekcija
suntikan

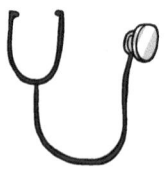

stetoskop
stetoskop

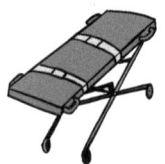

nosilo
pengusung

termometar
termometer klinik

rođenje
kelahiran

prekomjerna težina
berat badan berlebihan

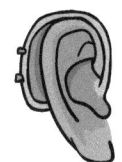

slušni aparat

alat pendengaran

sredstvo za dezinfekciju

disinfektan

infekcija

jangkitan

virus

virus

hiv / sida

HIV / AIDS

medicina

perubatan

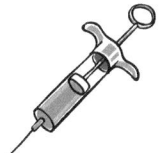

vakcinacija

vaksinasi

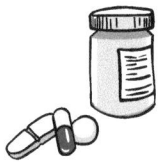

tablete

tablet

pilula

pil

poziv u pomoć

panggilan kecemasan

uređaj za mjerenje tlaka

pantau tekanan darah

bolesno / zdravo

sakit / sihat

pomoć!

Tolong!

alarm

penggera

nasrtaj

serang

napad

serangan

opasnost

bahaya

izlaz za nuždu

pintu kecemasan

požar!

Api!

vatrogasni aparat

alat pemadam api

nezgoda

kemalangan

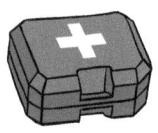

kofer prve pomoći

alat pertolongan cemas

sos

SOS

policija

polis

Europa

Eropah

sjeverna amerika

Amerika Utara

južna amerika

Amerika Selatan

Afrika

Afrika

Azija

Asia

Australija

Australia

Atlantik

Atlantic

Pacifik

Pasifik

ocean

Lautan Hindi

antarktički ocean

Lautan Antartik

arktički ocean

Lautan Artik

sjeverni pol

Kutub utara

južni pol

Kutub Selatan

Antarktik

Antartika

zemlja

bumi

zemlja

tanah

more

laut

otok

pulau

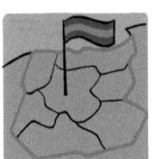

nacija

negara

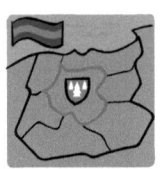

država

negeri

brojčanik sata
....
muka jam

satna kazaljka
....
tangan jam

minutna kazaljka
....
tangan minit

sekundna kazaljka
....
terpakai

Koliko je sati?
....
Jam berapa sekarang

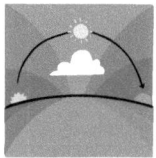

dan
....
hari

vrijeme
....
masa

sada
....
sekarang

digitalni sat
....
jam digital

minuta
....
minit

sat
....
jam

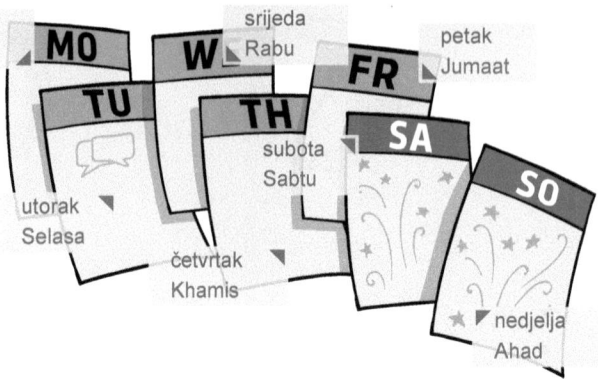

ponedjeljak
Isnin

srijeda
Rabu

petak
Jumaat

utorak
Selasa

četvrtak
Khamis

subota
Sabtu

nedjelja
Ahad

jučer

semalam

danas

hari ini

sutra

esok

jutro

pagi

podne

tengah hari

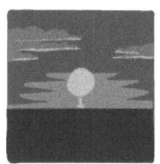

večer

petang

MO	TU	WE	TH	FR	SA	SU
1	2	3	4	5	6	7
8	9	10	11	12	13	14
15	16	17	18	19	20	21
22	23	24	25	26	27	28
29	30	31	1	2	3	4

radni dani

hari kerja

MO	TU	WE	TH	FR	SA	SU
1	2	3	4	5	6	7
8	9	10	11	12	13	14
15	16	17	18	19	20	21
22	23	24	25	26	27	28
29	30	31	1	2	3	4

vikend

hari minggu

godina

tahun

kiša
hujan
duga
pelangi
vjetar
angin
snijeg
salji
proljeće
musim bunga
ljeto
musim panas
jesen
musim luruh
zima
musim salji

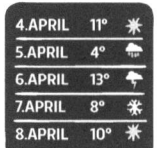

4.APRIL 11°
5.APRIL 4°
6.APRIL 13°
7.APRIL 8°
8.APRIL 10°

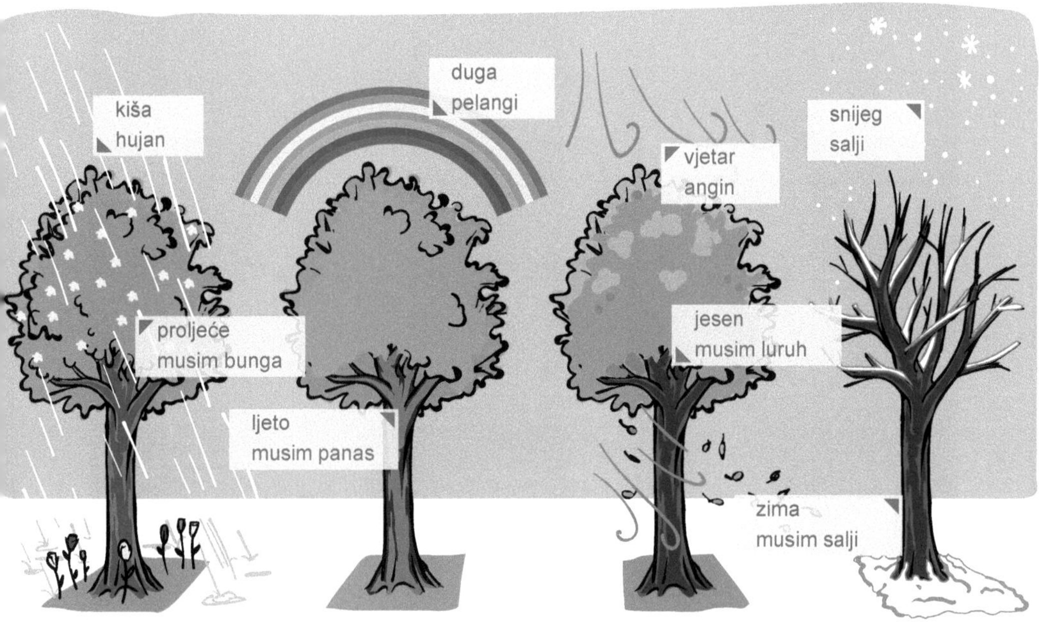

meteorološka prognoza

ramalan cuaca

F
C

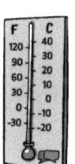

termometar

termometer

sunčana svjetlost

sinar matahari

oblak

awan

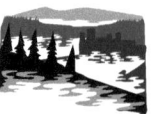

magla

kabus

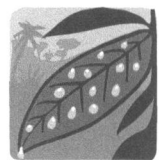

vlažnost zraka

lembapan

munja

kilat

grmljavina

petir

oluja

ribut

tuča

hujan batu

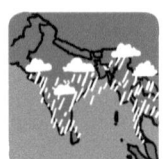

monsun

monsun

poplava

banjir

led

ais

siječanj

Januari

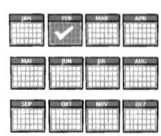

veljača

Februari

ožujak

Mac

travanj

April

svibanj

Mei

lipanj

Jun

srpanj

Julai

kolovoz

Ogos

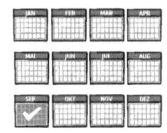

rujan

September

listopad

Oktober

studeni

November

prosinac

Disember

krug

bulatan

kvadrat

petak

pravokutnik

segi empat tepat

trokut

segitiga

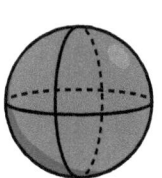

kugla

sfera

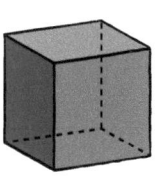

kocka

kiub

bijela
....
putih

žuta
....
kuning

narančasta
....
oren

ružičasta
....
merah jambu

crvena
....
merah

ljubičasta
....
ungu

plava
....
biru

zelena
....
hijau

smeđa
....
coklat

siva
....
kelabu

crna
....
hitam

mnogo / malo
banyak / sedikit

ljutito / mirno
marah / tenang

lijepo / ružno
cantik / hodoh

početak / kraj
bermula / tamat

veliko / maleno
besar kecil

svijetlo / tamno
terang / gelap

brat / sestra
abang / kakak

čisto / prljavo
bersih / kotor

potpuno / nepotpuno
lengkap / tidak lengkap

dan / noć
hari / malam

mrtvo / živo
mati / hidup

široko / usko
luas / sempit

jestivo / nejestivo

boleh dimakan / tidak boleh dimakan

zlo / dobro

jahat / baik

uzbuđeno / dosadno

teruja / bosan

debelo / mršavo

gemuk / kurus

na početku / na kraju

pertama / terakhir

prijatelj / neprijatelj

kawan / musuh

puno / prazno

penuh / kosong

tvrdo / mekano

keras / lembut

teško / lagano

berat / ringan

glad / žeđ

lapar / dahaga

bolesno / zdravo

sakit / sihat

ilegalno / legalno

menyalahi undang-undang / undang-undang

pametno / glupo

pintar / bodoh

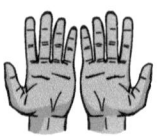

lijevo / desno

kiri / kanan

blizu / daleko

dekat / jauh

novo / rabljeno

baru / lama

ništa / nešto

tiada / sesuatu

staro / mlado

tua / muda

uključeno / isključeno

hidup / mati

otvoreno / zatvoreno

terbuka / tertutup

tiho / glasno

diam / bising

bogato / siromašno

kaya / miskin

točno / pogrešno

betul / salah

hrapavo / glatko

kasar / halus

tužno / sretno

sedih / gembira

kratko / dugo

pendek / panjang

polako / brzo

lambat / laju

mokro / suho

basah / kering

toplo / hladno

panas / sejuk

rat / mir

berperang / berdamai

suprotnosti - berlawanan

0

nula

sifar

1

jedan

satu

2

dva

dua

3

tri

tiga

4

četiri

empat

5

pet

lima

6

šest

enam

7

sedam

tujuh

8

osam

lapan

9

devet

sembilan

10

deset

sepuluh

11

jedanaest

sebelas

12

dvanaest

dua belas

13

trinaest

tiga belas

14

četrnaest

empat belas

15

petnaest

lima belas

16

šestnaest

enam belas

17

sedamnaest

tujuh belas

18

osamnaest

lapan belas

19

devetnaest

Sembilan belas

20

dvadeset

dua puluh

100

stotinu

ratus

1.000

tisuću

ribu

1.000.000

milijun

juta

engleski

Bahasa Inggeris

američko engleski

Bahasa Inggeris Amerika

kinesko mandarinski

Bahasa Cina Mandarin

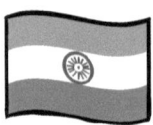

hindi

Bahasa Hindi

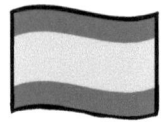

španjolski

Bahasa Sepanyol

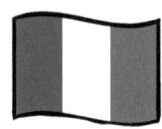

francuski

Bahasa Perancis

arapski

Bahasa Arab

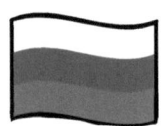

ruski

Bahasa Rusia

portugalski

Bahasa Portugis

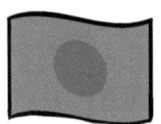

bengalski

Bahasa Benggali

njemački

Bahasa Jerman

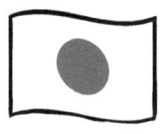

japanski

Bahasa Jepun

ja
saya

ti
anda

on / ona / ono
dia / dia / ia

mi
kita

vi
anda

oni
mereka

tko?
siapa?

što?
apa?

kako?
bagaimana?

gdje?
di mana?

kada?
bila?

ime
nama

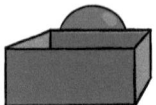

iza

belakang

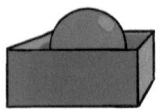

u

dalam

ispred

di hadapan

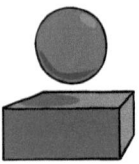

preko

lebih

na

pada

ispod

di bawah

pored

bersebelahan

između

antara

mjesto

tempat